虹の戦士

Warriors of the Rainbow

翻案　北山耕平

太田出版

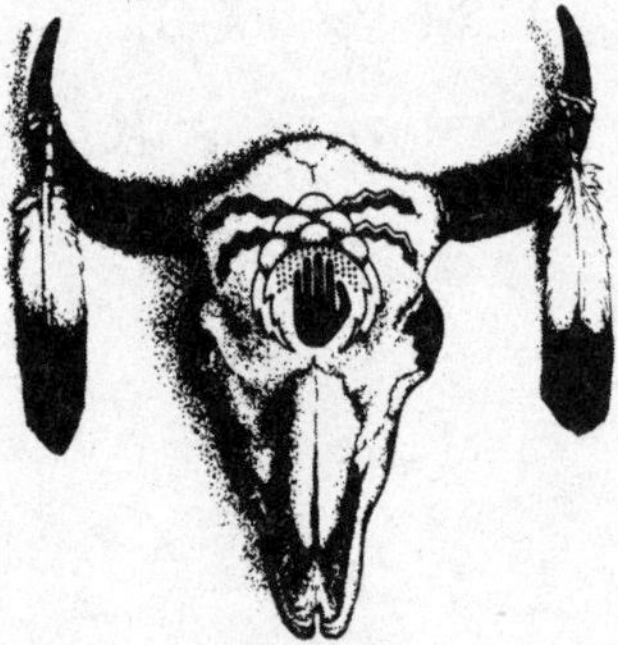

まえがき　虹の戦士たちへ

北山耕平

わたしたちは、現在、自分たちの生活を見直すべき時代を生きている。この時代は、アメリカ・インディアンの信仰においては、空の星たちの位置の変化によって、一九六〇年代後半にはじまったことが確認されており、劇的なる変化は、活動に激しさを加えつつ世紀を超えて、二一世紀の最初の二〇年ほどを支配することになっている。アメリカ南西部の高原砂漠に暮らすホピ族はこれを「偉大なる浄化の時」と呼んできた。ホピの教えによれば、灰の詰まった瓢箪が二回地球を震わせた後、遠からずして浄化の時がはじまり、ホピと純粋な心をもったインディアンたちが力をあわせて、世界をよりよいところへとつくりかえていくことになるという。この「灰の詰まった瓢箪」は「ヒロシマとナガサキに落とされた原子爆弾」を指す。

かつてわたしは自分の本で[*]、日本人が「ルーツを喪失したインディアン」である可能性を指摘した。わたしたちは「あらかじめ母なる地球との絆を失ってしまっている」のだ。そして「縄文時代のライフスタイルを今に伝える世界の先住民に残された教えと生き方を学びなおすことで、もう一度日本列島と自分とをつなぐこともできるはずだ」と。その後もこの確信は変わっていない。わたしたちはもともと遠い昔にはインディアンでありながら、インディアン的生き方とは一番かけ離れた対極的な「強欲に支配される生き方」を良しとしてきた。それはわたしたちの自然の扱い方を見れば一目瞭然であるだろう。

日本人は、日本という国家を愛するほどには、日本列島を愛してはいない。その結果、日本列島における自然は、ことごとくゴミに覆われて、もはやほとんど残されていない。その昔、朝鮮半島やアジア大陸からの帰化人によって「大きな八つの島」と呼ばれた大きな美しい島々は、二千数百年を経て、今見るに忍びない姿を曝している。

自然のままの浜も森も山も沼も、もうない。二〇世紀には、あらかた原生林も消え、水も黒ずみ、空気も汚染された。川には死んだ魚が浮き、空からは鳥が落ちた。さらに世界中から食料や化石燃料や森林の木を切り倒して作る紙などの自然資源を大量に輸入することで、世界各地の先住民から土地と生きる権利や環境を奪い、精神的物理的さまざまなレベルにおける汚染を地球規模に広めてきた。当然ながら、母なる自然は日本列島から潮がひくように姿を消しつつある。気がついたときには野性の植物や動物の大半がすでに消えていた。今生まれつつある赤ん坊は様々な人工成分に汚染された母乳を飲んで育つのだ。これは「地球が病んでいる」ことの証しである。こうした地球の病に関わる問題は、わたしたちをわたしたちたらしめている生き方と密接に関連するのだ。だから、わたしたちは、地球の病を癒すために、自分たちの生活を根

＊『ネイティブ・マインド　アメリカ・インディアンの目で世界を見る』（一九八八年、地湧社刊）

本的に見直さなくてはならない。

世界各地の先住民の教えが伝えている。地球が病んで、動物たちが姿を消しはじめ、人々が健康を失って愚かな振舞いを始める頃、つまり、地球の変化が激しくなって「偉大なる浄化の時」が始まると、伝説や、物語や、古い教えや、儀式や、神話や、太古の部族の風習などを、しっかりと守り続けてきた者たちの時代が到来すると。地球上の生命あるものたちの生存の鍵を握っているのはその人たちだ。日本列島でも例外ではない。本書のタイトルにもなっている「虹の戦士」とは、その人たちを指す。虹の戦士たちは、誰からも命令や指示をうけない。戦士は「指示や命令がなければ動けない兵隊」とはまったく異なるからだ。虹の戦士とは、自分が好きになれるような世界を作るために、なにかを自発的に始める人たちだ。正義と、平和と、自由に目覚め、偉大なる精霊の存在を認める存在。日本列島は、母なる地球は、その人たちの到来を必要としている。

虹の戦士たちは、この教えを地球に生きる人々に広めることになるだろう。偉大なる精霊の指し示した生き方を実践し、今の世界がその教えに背いているために、わたしたちの地球が病んでしまったことを伝えていく。自分たちが好きになれるような世界を作るために、病んでしまった日本列島を癒し、もう一度地球を美しくするために、なにをすればよいのかを理解して、力強い行動をとることだろう。

本書は、わたしたちのなかで眠りこけている「母なる地球と直接つながる精神」に働きかけるものである。すべてはその精神が眠りから目を覚まして、わたしたちのもとに帰ってくるかどうかにかかっているのだから。

一九九九年　暗い夜明けのときに

虹の戦士

目次

バッファローに与える歌

『昔われわれは平原の中で
誰もが　みんな　自由だった。
緑　青　赤　黄色
いろいろな色のあふれる大平原のように
われわれは　みんな　自由だった。
われわれは走り　追いかけ　狩をした。
あなたがたは　われわれに　優しかった。

あなたがたは　われわれに
食べるものと　着るものと
そして住むところとを　与えてくださった。
しかし　今　われわれは　みんな 年老いた。
そして　縛りつけられて　しまっている。
だがわれわれの心までは　縛られてはいないのだ。
われわれは昔の日々を思い起こすことができる。
そして互いにこう言うこともできる。
「あの昔はほんとうに良かった」と』

老婆は柵《さく》のなかに飼われているバッファローたちにむかってそんな歌を聞かせていた。そしてぽつりとこう言うのだった。

「お前たちにはこの歌のほんとうの意味がわからないかもしれない。昔のことを歌ったところで、それがどんなものだったのか、お前たちにはわかりようもないだろう。お前たちはただの家畜だ。だから覚えてもいまい。お前たちは塀《へい》のなかで生まれたのだ。私の孫たちとおなじように」

アメリカ・インディアンに古くから伝わる言い伝え

地球が病んで
動物たちが　姿を
消しはじめるとき
まさにそのとき
みんなを救うために
虹の戦士たちが
あらわれる。

覚え書き

　これから話して聞かせる原作者不明の物語は、こと細かいところでは違っているかもしれないものの、アメリカ・インディアンたちの間では、実際にあったことだと信じられているものである。

　この話に登場するインディアンの部族がなに族であるかは、話の内容がすべての部族に、そしてすべてのネイティブ・ピープルたちに共通のことであるがために、あえて記されていない。

地球上のどこであれ、そこに賢いひとりの老婆と、好奇心のあるひとりの少年と、無数のスピリットの三つがたまたまそろっているようなところであるなら、実際この話とよく似たような「奇跡」が起こる可能性があるからである。

彼らの呼び方について

わたしはこれまで自分が書いたり話したりするなかで「アメリカ・インディアン」「アメリカン・インディアン」「インディアン」「ネイティブ」「ネイテイブ・アメリカン」「ネイティブ・ピープル」「インディアン系アメリカ人」「ブラウン・アメリカンズ（茶色いアメリカ人)」「レッド・ピープル」「レッドマン」「赤人」「北米先住民」「先住民」「先住民族」「先住アメリカ人」「アメリカ大陸原住民」「原住民」といった言葉を、そのときどきの思いつきと気分と文脈とに応じて使ってきたし、これからもそうするだろう(気持ちが高揚すればあらゆる要素を盛り込んで「ネイティブ・ノース・アメリカン・アボリジナル・ファースト・ネーションズ・インディーニアス・ピープル」なんて単語だって使うかもしれない)。
北米大陸のネイティブ・ピープルにとっては、そうした言葉の指し示しているどれもが、ある程度の差はあるにせよ、同じくらいは「まあ間違ってはいない」と考えられているようだし、同時に、差こそあるもののどれもが、正確に自分たちのことを伝えているとは言いがたいと感じてもいるらしい言葉ばかりであるからだ。

北山耕平

※さらに詳しい情報はこちらで
http://native.way-nifty.com/native_heart/2009/09/post-1f3a.html

第一章　大きな疑問

老婆は、小川のそばのコットンウッドの大きな樹の木陰に座ったまま、首をたれて、こっくりこっくりとうたた寝をしていた。彼女はえらく年老いていて、深く立派な皺《しわ》のなかに、埋もれるように顔があった。そのふたつの眼はまるで砂漠に消えた泉のようにも見えた。

近くの草むらで一匹のトカゲが走ったらしく、風もないのにかすかな物音がしたとたん、しかし大地のなかに消えかけていたふたつの泉が再び生気を取りもどした。幾重もの皺のなかからゆっくりと眼があらわれ、やがてそれらが太陽の光を受けて、砂漠で見つけたふたつの黒いオパールのように光り輝く。

彼女の眼の輝きは普通ではなかった。

「燃えるような眼だ」

セブンティーン（一七歳）だったとき、草むらで一緒にダンスを踊った何人もの狩人の若者たちに、彼女はそう耳元で言われたことがある。だが、いずれにせよ、そんなことは昔々の大昔の、白人も数えるほどしかいなくて、インディアンたちがまだ太古ながらの自由と平和を満喫していたころの話なのだ。

そのとき、インディアンの少年が一人、危なっかしい足取りで小川伝いに歩いて下ってくるのが見えた。少年はこれまでに夏を十二ぐらい過ごした年齢だった。上から下まで、いかにも街の店で買いそろえたような服を着て、少年はどこかぎこちなく、おどおどしていて、まだ足も地についていないようすである。

ところが、彼の二つの眼だけは別物だった。少年は信じられないものでも見るかのように、眼を輝かせて世界を見ていた。

ジム。少年は名前をジムといった。

ジムは老婆の曾孫《ひまご》にあたる。父親が都会の大きな自動車工場でメカニック《機械工》をしていた関係で、少年は街で生まれて育った。そしてつい最近、彼は両親に連れられて街から帰ってきた、というより、はじめてこの地を訪れたばかりなのだ。

少年は今までにただの一度もここに来たことがない。そればかりか、これほどまでに山奥深く入り込むこと自体が、そもそも生まれてはじめての経験だった。見るもの聞くものが、驚きの連続だった。

彼の眼に初めて写る世界は、不思議に満ちあふれていた。

ところが少年はいかにも街の子らしく、ここで暮らしている親戚たちとも、ほかのインディアンの子供たちとも、なんとなくこわさが先にたって、まだそれほどはうちとけることができていないのだ。

ちょうど昼をまわったころで、太陽は中天にかかって輝きをまし、風のまるでない、あの気の遠くなりそうな熱さがあたりを包みこんでいる。一族の者たちは、戸や窓を開け放った家のなかにミノムシのように入りこみ、ここぞとばかりに午睡《ひるね》の快楽を堪能《たんのう》していた。

少年以外の誰も、この炎天下の中を動いているものはなかった。

遠目に見てもわかるぐらいもじもじしながら、今しもジムは、小川の岸辺にたつ大きな樹の木陰に腰をおろす、彼にとっては「大祖母」にあたる老婆の、すぐかたわらにまで近づきつつあった。

老婆が思わず顔をくずした。

そのとき、賢者であり知者である者の眼の輝きを持つ彼女のふたつの瞳が、一瞬優しくなったのを少年は気づいていない。

ジムはまともに大祖母の顔を見れず、はるか遠くにそびえている山の、夏の太陽にもとけずに残った雪で白く輝く山の頂に、目をやっていた。

老婆は、そうやって聖なる山を見つめる少年の顔に不思議な輝きを見て、優しく声をかけた。

「どうしたね、ジム」


いきなり声をかけられて、少年は驚いて飛び上がった。

砂ぼこりが、舞った。

彼はしばらく唇をふるわせていた。

それからおもむろに口もとをきっと閉めなおすと、少年は今度は正面から老婆の、今なおいきいきとしているふたつの眼を見すえた。

「いちばん古い母親であるおばあちゃんに、どうしても聞きたいことがあります」

「ほう」

彼女は言った。

「それはなんだろうね？」

声こそ物静かだったものの、そう言った拍子に、彼女はあきらかに少し若返ったように見えた。なんと驚いたことに、まるで大昔さんざん荒くれ馬に乗っていたころのそのままに、腰から上の背骨までがしゃきっとのびているではないか。

「はい。昨日の晩におばあちゃんの聞かせてくれたあのお話のことです」

少年に言われて、老婆は昨夜のことをありありと思い出した。

老婆の曾孫にあたるこの少年は、焚火《たきび》のあかりのなかで両手を堅く握りしめ、けなげにも身を正して床にきちんと座ったまま、緊張のあまりコチコチになりながら、それでも彼女の語る昔の話をいささかも聞きもらすまいと、くいいるように彼女のことを見つめたきりで、一言ひとことを、それはそれは真剣に嚙み締めながら理解しようとしていたのだ。

「おばあちゃんは昨日の夜、どうやって白人がやってきてぼくたちの土地を奪っていったのかを話してくれました。インディアンたちが、初めて出逢うような骨までボロボロになる病気にやられて、何千人も死んでいったことや、おじいちゃんが白人の泥棒を取り押さえようとして殺されたことも聞きました。こういう話を聞けば聞くほど、ぼくには知りたくなることがあるんです。いちばん古い母親であるおばあちゃんに、ぼくはどうしても一度それを教えてもらいたくてここに来ました」

「言ってごらん！」

老婆は語気を荒げた。

その声は山々を吹きわたる風の声のようにも聞こえた。

少年は思わず後ずさりした。

できればその場所から逃げ出したかった。

しかし彼は両手をひとつぐっと握りしめて、さらにこう聞いた。

「いちばん古い母親であるおばあちゃん、どうして、なぜ、天におられるわたしたちの偉大なる曾祖父は、白人たちがこの大地を奪い去っていくことをおゆるしになられたのですか？」

老婆は黙ったまま少年を見つめた。

火のように燃える二つの瞳が少年を見ていた。

少年には世界が静止してしまったかのように思えた。

老婆は、まるで今はじめて顔を会わせたかのように、しげしげと少年の顔をのぞき込んだ。

いい眼の輝きをしている、と老婆は思った。

きっと顔をあげているところがなんともりりしい。

あのむこうっ気の強そうな鼻。

少し大きめのところまで生き写しだ。

老婆は少年のなかにその子の偉大なる曾祖父の若かりし頃の姿を見ていた。まるであの人が肩に獲物のアンティロープをかついで帰ってきたときのようではないか。

実際、自慢そうな表情がよく似ていた。

「今までそんなことを聞いてきた者はいなかった」

老婆がささやくように言った。

「お前が初めてだ。お前のお父さんも、そのまたお父さんも、そんなことは絶対に聞かなかった。どうしてお前はそれを聞くのだね？」

「ぼくは知りたいのです。どうしても知りたいからなのです」

少年は声を押さえていることができなかった。

その声は叫ぶというよりも泣き声に近かった。

「どうして、ぼくたち一族の者ばかりに、こんなにも悪いことが起こるんですか！　なぜ？　なぜなんです！」

老婆はふたたび黙りこんだ。

そして、そうやって長いこと黙ったまま、彼女はさらにまたしげしげと少年の顔を見つめた。

まさか、ありうるだろうか？

思わず彼女は自分に尋ねていた。

スピリットが帰ってきているというのか？

まさか、そんなことが。

いや、もしかしたら？

老婆の内側で、なにかが大きく育ちつつあった。

ゆっくりと、そうに違いないという確信が強くなり、感情のたかぶりが激しさを増した。そしてとうとうそれがあるとき燃えあがった。

彼女の心のうちに燃えあがった炎は、勢いのついた草原の火のようにみるみる燃え広がっていく。たくさんの若駒《わかごま》がいっせいに大地を蹴って水場に走りだすような轟きが、彼女には聞こえた。

スピリットが帰ってくるなんて、それまでにはまるで考えもおよばないことだった。そうした日は二度と来ないと、彼女はとうにあきらめていたのだ。

火はほとんど消えていた。

しかし今、かろうじて最後のところで、それまでくすぶっていたわずかな種火が、偉大なる祖先の昔話や、賢いストーリーテラーたちの物語、一族の伝統を守り続けた者たちの言い伝えによって、ようやく息を吹きかえし、彼女の内側の深いところで、にわかに燃えあがりつつあった。

まだ若いころによくテントのかたわらで燃やされていた

いくつもの焚火の光景を、老婆は思い出していた。

コヨーテの鳴き声。

薄暗やみのなかで焚火を取り囲み、輪になっての談笑。

北に向かって連なるいくつもの山の塊の黒い影。

そこから吹き下ろす氷のように冷たい風。

暖かさと明かりがかろうじてとどく辺りで、一人で震えていたのも、今となっては楽しい思い出である。

あの頃は小さな女の子だと、部族のなかではあまり重要に取り扱われなかったのだ。しかしそうやってさまざまな話を聞き、過去の栄光にしばし包まれて見はてぬ夢を見ることが、彼女にはなによりものよろこびだった。そうしていると自分の内側で、かすかに希望の光の燃えあがるのが感じられた。狩人たちがバッファローの肉の塊《かたまり》や、いちばんおいしい舌をいくつも馬の鞍《くら》にかけて、意気ようようと家路に着いたときの気分にひたりきることができた。話を聞きながら、荒々しく大声で叫びだしたい思いにとらわれたことも、一度や二度ではなかった。

だが、そんなときでも彼女は、ただの一度たりとも、あえて自らの眼の奥に希望の光を灯してみせるようなまねはしなかったのだ。それがほんものかどうか確かめるまでには、そうとうな時間がかかるからだ。

それに、今回なんと最後の希望の火を燃えあがらせたのが、年端もいかない「シティボーイ」のインディアンの少年だったとは。

彼女は考えた。

この子の意志が十分に強いかどうか、ここはどうしても
ひとつ確かめなくてはなるまい……
老婆は、はっと我にかえった。
くいいるような眼で、ジムが顔をのぞき込んでいる。
彼女は口をひらいた。
「お前は自分の心を語った。だから聞くがよい。お前がわた

しに尋ねてきた質問は、とても大きい。普通それは少年の聞くような質問ではない。それは戦士の発する質問だ。お前ぐらいの年の少年がそういう質問をすると、昔だったら、賢いチーフがその質問にこう答えた。

『ホ！　これはこれは小さいのが、なんとまあ大きな質問をしたものだ。答えを出す前にお前を確かめなくてはならん。この子が自分のスピリットを見つけるよう、どこか人気のないところに連れていくことにしよう。偉大なる人間だけが、その質問の答えを手に入れることができる。この子がどれくらい偉大なのか、ひとつ見てみることにしよう』

とね」

「いちばん古い母親であるおばあちゃん、ではぼくはなにをしたらいいのですか？」

少年にこう聞かれて老婆はうろたえた。

まさかそんなことを聞かれるなどとは考えてもいなかったからだ。

老婆は眼をしばたたかせると、声を立てて笑いだした。

だがその笑い声は、どう聞いても、年老いた女性のものなどではなかった。

呼吸にあわせて山の風も笑った。

老婆のその笑い声のなかに、よく聞くと鷲の鳴き声とかマウンテン・ライオンの叫びが混じっていた。自らの血を受け継ぐひとりの幼い少年によって、かくも偉大なる質問が発せられたことにたいする喜びとプライドが、その笑い声の奥深くには感じられた。

だが次の瞬間、老婆の眼がいきなり心配そうにくもった。

「さても問題はお前の両親よのう。わたしがお前にして欲しいことと、あの二人がお前にさせたいと願っていることとは、まるで違っておるからな」

すると少年はむきになったように笑ってみせた。

「お父さんもお母さんも、日影があったら横になってお昼寝をしていたい人たちです。暇があったらテレビも見たいし、ラジオも聞きたいんです。ここに来る前、今年の夏は故郷でのんびりするんだって言ってました。でもぼくは違います。山を駆け登ったり、いろんな動物たちを見たりしたいんです。ねえ、おばあちゃん、なにをすればいいのかぼくに言ってください。それにさっきの質問の答えも、ぼくはぜひ知りたいんです。絶対に内緒にしておくから、そっと教えて下さい。いいでしょう?」

しかしその年老いた賢者は首を横に振った。

「いいかね、ジム、わたしをごらん」

彼女が命令した。

「お前は心からあの質問の答えが知りたいのだね？　お前は、いっさいを創られた偉大なるスピリットが、なんでわざわざ白人たちにこの大地を奪われたのか、ほんとうに、知りたいのかい？」

少年は真剣にひとつ、うなずいた。それからそのままの姿勢で、老婆の黒く輝いている瞳の奥を真剣にのぞきこんだかと思うと、やにわポケットからナイフを取り出し、それでいきなり自分の手の指先を少し切って血を流してみせた。

そして、勝ち誇ったように言った。

「これでどうです、アイズ・オブ・ザ・ファイアー」

燃える瞳。そう。アイズ・オブ・ザ・ファイアーというのが、彼女のほんとうの名前だった。少年は老婆を初めてその古い名前で呼んだのだ。そして続けた。

「昔の人がヴィジョンを求めるときにまさにそうしたように、ぼくは自分で自分の指を切って血を出しました。このぼくの血のなかに、ぼくの答えがあります。なんでもします。なにをすればいいのか、どうか言ってください！」

老婆のふたつの眼に思わず涙があふれた。

涙で世界が見えないまま、彼女は少年の方に手をさしのべた。

「ああ、今日まで生きてきてよかった。ありがたいことだねえ。これも太陽におられるあのおかたのおかげだ。さっそく行ってお前の両親を連れておいで。わたしが会いたがっているとね」

老婆に言われて、少年はうれしそうに、パタパタと砂ぼこりをあげて走っていった。その後ろ姿はもはやシティボーイなどではなく、また恥ずかしがり屋でもなくなっていた。

彼は自分のまわりのものをいたずらに怖れてもいなかっ

た。

彼には自分のしていることがわかっていたのだ。

自分の偉大なる曾祖父が、はるか遠い昔に、最初の狩りの獲物である野兎を捕まえたときのように、今、少年の足は空を飛ぶように軽かった。

第二章　内側を見つめる

しばらくして、少年に引きずられるように、少年の両親がやってきた。若い母親と、若い父親だった。父親は老婆の孫にあたっていた。

二人はわざとらしく、しかたなく息子に手を引かれているから歩いているようにすら見えた。なにか不満がありそうだった。三人はゆっくりと、老婆の待つコットンウッドの樹に近づいた。

二人が老婆の前に進み出た。

老婆の顔を見るやいなや、少年の両親は、祖母が、自分たちの知っているいつもの「おばあちゃん」とはまるで別人であることに気づいた。なによりも眼が違っていた。老婆の二つの眼は、異様なまでの輝きをおびていたのだ。

しかしよく見ると、ただ黒く光る瞳だけでなく、全体の雰囲気が、いつもとは全く違っていた。同じように皺があり、腰も曲がっていて、相変らず年老いた身体は小さくはあったが、しかしそれにしては彼女はずいぶんと若返ったようにも見えた。それに動きもどことなくきびきびしている。

「おばあちゃん、いったいなんなんです？」

父親が声をかけた。

しっかりとした身体つきの、頑強そうな男だった。

彼は、偉大で賢いチーフにはみんながそうするように、自らの祖母にたいして少し頭を下げて敬意をあらわしたもののの、なんとなく落ち着かないようすで、手をもじもじさせたまま、なるべく祖母と直接には眼をあわさないようにしていた。

祖母の自分を見つめる眼が、彼の神経をさかなでする。

老婆の視線のなかに、彼は確かに「鷲《わし》」のまなざしを見たような気がした。

「そこに腰をおろしてわたしの話を聞くがよい」

老婆に命じられるまま、三人はそれぞれが自分の場所を見つけて、草むらのうえに座った。

やがて静寂《せいじゃく》がおとずれた。
コットンウッドのしげみのなかで、イナゴのガサゴソと動く音。
小川のせせらぎ。
しばらくして老婆が少年を指差し、おもむろに口を開いた。
「このものがわたしに先程とても重要なことを聞いてきた。
それは浄化を終えたもの、スピリットの探求者にのみ、答えを教えることがゆるされる、大変に重要な質問だった」

「おばあちゃんったら、またそんな時代遅れなこと言って。今は昔とは違います。新しい時代に、みんな生きているんですからね」

若い母親が老婆の言葉をさえぎってそう抗議した瞬間、三人の見ている目の前で、老婆の身体がいきなり大きくなったような気がした。彼女が杖《つえ》を取りあげて、それで地面のうえになにやら記号のようなものを描きだしたのだ。

老婆が地面のうえに杖の先で描き出したものは、一族の者に大昔から伝えられた部族の大切なシンボルだった。この印を手で描いてみせれば、お互いに言葉も通じぬ別の部族の者にも、われわれがどの一族の者なのかわかるようになっているのだ。そのシンボルを描き終えると、老婆はまたゆっくりと口を開いた。

「八〇年……八〇年というもの、わたしはこの日の来ることを待ち続けてきた。この八〇年間、わたしはわたしの一族の者たちのスピリットが白人によってゆっくりと殺され

ていくところを見てきた。この八〇年間、わたしはわたしの一族の者が白人の道に従おうと努力するのを見てきた。わたしはなにも白人の道のすべてが悪いと言っているわけではない。なかには良いものもあった。しかし、なかにはほんとうに悪いものもあったのだ。そのなかでも最悪のことは、わたしたちの一族の者を、スピリットから遠ざけてしまったことだった。スピリットを失った人間は、もはや人間ではない」

「でもそのかわりにわたしたちは白人の宗教を学んだでは

ありませんか。白人の宗教にだって良い点はたくさんあります」

父親の方がそう食ってかかると、老婆はさらに言葉を続けた。

「白人の宗教にも良いところはなるほどある。それは認めよう。しかし、多くの白人にとって宗教は、子供に与えられたおもちゃのようなものでしかない。自分にとって利用価値があると思えるときにだけ、白人は宗教を利用する。ところがひとたびそれが自分らの快楽の邪魔になると判断したときには、平気で忘れていたりするのだ。いいかね、昔のインディアンは、お互い困っている者があれば助け合うのが常だった。弱っている者を助けるのがあたりまえだった。わたしたちは、わたしたちの宗教を現実のものとして生きていたのだ。そして、そこへ白人がやってきた」

彼女は一息ついてから続けた。

「白人たちはインディアンの生き方を変えてやろうという

大きな野心を持っていた。白人はまずその宗教の中心にある愛するという考え方を持ちこんできたのだ。それは素晴らしい考え方ではあったが、実際に愛することを行動に移す者はほとんどいなかった」

老婆は三人を見つめていた。そして言葉をついだ。

「白人はわたしたちの間を細かく引き裂き、たくさんの区切られた土地に分散して閉じ込めたばかりか、わたしたちの宗教そのものを笑いものにまでしたのだ。これはほんとうに、悪いことだった。キリストがいったいいつどこで、白人とインディアンを分けたり、インディアンを白人の言うことをきくインディアンと白人の言うことをきかないインディアンとに分けるような、つまらないことを教えて聞かせたというのか？　わたしは思う。いくらなんでも、キリストの愛はけっしてそんなにちっぽけなものではないだろう。とすれば、ここはどうあっても白人たちにもう一度、自分たちが持ってきた宗教の真実を学びなおさせなくてはなるまい。白人同士の間に、白人と世界の白人以外の人たちの間にも、以後二度と再び壁なんてものをつくらせないためにもな」

父親はうつ向いたまま地面を見ていた。
そしてしぶしぶこうたずねるのだった。

「わたしたちになにをしろというのですか？」

「この子のなかにあるスピリットを大きく育てること。誰よりも大きく、空よりも大きく育てること。わたしはこの少年をあの山の頂に行かせる。いまだ見たこともないような場所へも行かせよう。この子は、お前やお前の父親が遠い昔に忘れたわたしたち一族の者の秘密を学ぶことになるだろう。ほとんど失われてしまっているスピリットを、この少年は持ち帰ることになる」

そしてこう長い話をしめくくった。

「ずいぶん昔、わたしは年寄りからこう聞かされたものだ。やがて失われたスピリットを持ち帰る者が一族のなかからあらわれると。白人がインディアンのスピリットを殺して持ち去る。しかししばらくするとスピリットはもう一度帰ってくるのだ。スピリットは再び生まれる。そのときには新しいスピリットが帰ってくると、あの人たちはわたしに言ったものだった。わたしたちは真剣にその日の来るのを待ち望まなくてはならない。春になって雲のなかで水が集まり、それがやがて雨粒となってこの乾いた大地に帰ってくるように、今まさに死につつある者たちのところにスピリットは帰ってくるのだ。それは滅びゆこうとしている生命をよみがえらせ、人間らしい生き方を回復させ、希望をもたらし、わたしたち一族の者をふたたび偉大なものとするだろうと。わたしはこの少年のなかにそのスピリットの火が小さく燃えているのを見た。その火を消してはならない。その火を大きく育ててあげようではないか」

長いこと喋ったせいで、老婆は疲れていた。しかし疲れたとはいえ彼女の二つの瞳は、今なお良質な石炭のようなあの黒い輝きを少しも失ってはいなかった。

突然若い父親は自分が子供だったころの祖母の姿を思い出した。

そうかもしれない。

自分は大切なものをなくしたのだ。


彼はそう思った。

いっぺんに身体から力が抜け落ちた。

こころの奥の深いところで、彼は自分にこうささやきかけた。

「あのときもっとこの人の話を聞いておけばよかった。今となってはその栄誉をになうのは、わたしの息子の役目なのかもしれない」

かたわらで母親がなにか言いたくてうずうずしているのが彼にはわかった。若い母親の眼には不安がありありと浮かんでいた。彼女の唇が開きかけた。とっさに父親は片手で優しく彼女に触れてそれを制した。そしてこう言った。

「偉大なる年寄りは、ほんとうのことを言っている。自分の内側を深く見てみれば、それはわかる。今、わたしたちの息子がそんな大役をおおせつかるなんて、まったくありがたいことではないか」

「覚悟はできています」

少年が立ち上がり、きっぱりとそう言い切ったまま、そのままその場に突きささった一本の槍のようになった。

そんな息子の姿を好ましいものとして、いつしかプライドをもって見はじめている自分がどこかにいることに、さしもの若い母親もじきに気がついた。

そうして静けさがあたりをつつんだ。

一言も口をきかないまま、誰もその場を動こうとはしなかった。

身動きひとつせず、四人はしばらくはそこにそうやって、ただひたすらじっとしていた。

その晩も老婆は一族の子供たちを集め、焚火を囲んでいくつもの話をして聞かせた。

押し黙ったまま、食い入るように話を聞いている子供たちの眼のなかでは、さきほどからの焚火の炎があかあかと大きく燃えていた。

空気のなかのなにかがいつもとは違っていた。

そこには確かに新しいフィーリングがあった。

まるでどこか遠い山の奥深くに隠されていたインディアンのスピリットが、一足早く、自らはるばる山を降りて、この谷あいの部落にも帰ってきたような、そんな錯覚すら覚えたほどだった。

第三章　自然にさわる

翌日の朝まだき。

誰かに軽く身体をさわられて、ジムは眠りから目覚めた。

まぶたを開けると、あの鋭い賢そうな眼がこっちを見ていた。

少年は驚いて飛び起きた。

あたりはまだ暗かった。

太陽は昇っていない。

老婆は押し殺した声で命令した。

少年は命じられるまま、暗い朝の、冷たい小川の水に飛び込んで、全身をくまなく洗った。川の水のなかで、彼は揚《あ》げ雲雀《ひばり》が朝の歌をさえずるのを聞いた。水から顔をあげると、朝の太陽の最初の赤い光線がかすかに眼を射た。

彼は生まれたばかりの太陽の光のなかにいた。

少年はそのまま、すべての生命《いのち》あるもののことを思った。

川から出ると、少年は裸足のまま近くの丘に駆けあがらされた。

多少足の裏が痛くはあったが、彼はそんなことをまったく気にもとめなかった。

丘のいちばん高いところに着くと、昇ってくる太陽に向かって、そして空におられる偉大なる曾祖父、グレイトスピリットに向かって、少年は大きく両手を拡げ、アイズ・

オブ・ザ・ファイアーに教わった古いふるい言葉を声にだして、祈りを捧げた。

それからの十日間というもの、アンティロープが大草原を跳ね回るように、自分の脚と筋力で駆け回ることが可能になるまで、この日と同じように裸足で近くの丘のなかを走り回らされる毎日が、彼には続くことになった。

第四章　恐怖に打ち勝つ

一〇日目の夜更けのことだった。

老婆の手がジムを揺り起こした。

そして彼は暗やみのなかに引きずりだされた。

少年は震《ふる》えた。

そうやって震えながらも、しかしこれが勇気を試す試験であることを知っていた。

だから歯を食いしばって、少年は耐えた。

だが歯を食いしばって震えることに耐えながらも、やはり茂みのなかで光る二つの目や、毛むくじゃらの体のこと、一族の者が毒を持つ人たちと呼ぶガラガラ蛇のこと、そして不気味な黒い影のこと、そういったことを、どうしても彼の頭は考えないわけにはいかなかった。

「生きてあるものすべてのスピリットたちにたいして、自分を守ってくれるように、祈りをあげて頼むことだ」

老婆の声が言った。

「くれぐれも動物たちとインディアンは兄弟だということを忘れるでないぞ。お前のハートが正しければ、お前を傷つけるようなものは何もない。棒切れだとかなんだとか、暗やみのなかにあるもののことで、それほどびくびくするのでない。男らしく歩いて、いちばん高いあの山の頂まで行き、打ち合わせると火を放つ石をひとつ、わたしのためにとってきて欲しいのだ」

ジムは武者ぶるいをひとつした。

それから少々元気すぎる脚運びで、少年は夜の闇のなかを歩いて山に向かった。

暗やみのなかを歩きはじめるとすぐ、彼はまず太い樹の枝に頭をいやというほどぶつけた。

次に岩に脚をとられてもんどり打って転んだ。

立ち上がろうと片手を地面についたはずが、そこに運悪く窪みがあって、そのまま今度はトゲトゲのたくさんある灌木《かんぼく》の茂みのなかにいきなり転げ落ちた。

危うく咽《のど》の奥から悲鳴が飛び出しそうになったが、彼はそれをぐっと飲みこんだ。いったん自らの身体を相手に与えた後に反撃に出る、ガラガラ蛇につかまったあの一羽のけなげなロードランナーのように、少年はそれに耐えた。

不気味な物音や、ハアハアいう息づかいが、あちこち、そこらじゅうから聞こえてくる。

遠くの方で、コヨーテがさらわれた悪魔の子供のように吠えた。

そのときのことだった。

いきなり、すぐ耳もとで、なにかがそっと足を忍ばせて歩くような音がしたのだ！

山猫だ。

少年は確信した。

できるなら大きな悲鳴をあげて、そのまま家まで一気に逃げ帰りたい気持ちがした。そしてあやうくそうするところだった。

ところがその瞬間に、少年のこころのなかで声が聞こえたのだ。

それは偉大なる曾祖母の声だった。

声は言っていた。

「お前のハートが正しければ、お前を傷つけるようなものは何もない。動物たちとインディアンは兄弟だということを忘れるでない」

少年は自分のなかでなにかが活きのいい種馬のように跳ね回っているのを感じた。それこそがスピリットであることを、彼は確かに知っていた。

夜の空を仰いで一言三言、彼は星たちに祈りの言葉を捧げた。

それから、おもむろに昔の戦士たちの残した古いふるい歌を口ずさんだ。

「夜は友だち
俺の姿を隠してくれる
俺は夜になると
狼になる！」

再び星あかりのなかを、少年は気を取り直して歩きはじめた。

今度は眼がだいぶ暗やみにも慣れていた。

山道を塞ぐように突き出していた大木の枝も、もはや少年の身体をすこしもかすりはしなかった。

少年の影は、まるで渓流を流れる水のように、素早く、しなやかに動いた。

黒い影の動きはだんだん早くなっていった。

足の指先に眼でもついているかのように、少年は駆けた。

彼はどんな岩も、樹も樹の根っこも、あらかじめ察知してそれをよけることができた。

気がつくと頂上はすぐ眼と鼻の先だった。

少年は最後のちょっとした崖を、一気に駆け登った。

するとそこに石がひとつあった。

その石は手に持っただけで、すぐに火を出す石だということがわかった。

彼は指先で地面に埋まっている同じような石をもうひとつ

ほじくりだして、ふたつを何度も何度も打ち合わせてみた。

やがて彼の手元から降るように火花が飛び散りはじめた。

しばらくそうやって火の粉を飛ばしていたのだが、ふと少年は気がついた。

「おや?」

はるかに遠くの麓《ふもと》の暗い谷あいで、確かに光らしきものがひとつ、ちらちらと動いて見えるのではないか。

はっと息をのんで、少年は膝をうった。

そして嬉しくなった。思わずさっきの歌をもう一度歌ったぐらい、彼はこころから感激した。


その光は、少年が石を打ち合わせて火を送ったことへの、あの偉大なる老婆からの返事なのだ。

少年は声を出して嬉しそうに笑った。

自分は最初の難しい試験に合格したのだ。

彼はそのことを知っていた。

だから、笑った。

笑ってから、今度は手を思い切りひろげて、少年は風の冷たさをこころゆくまで堪能《たんのう》した。

しばらくすると夜の静けさに少年は包まれた。

彼は耳を澄ました。

実際の夜の闇は、あらためて聞くと、じつにたくさんの物音にあふれていた。

ヒソヒソとなにかがささやき、荒い息づかいが近づく。

ガサガサという茂みの中の音。

そして遠くでフクロウが気味の悪い声でホーと鳴くのだ。

ぶるぶるるるるっ！

ジムはそうした音がするたびに震えた。

しかしひとつ震えるたびに、そうした音がどれもみな同じことを言っているように聞こえてならなかった。

「ジムがやったぞ！　ジムは勝ったんだ！」

物音がするたびに彼にはそう聞こえた。

「ジムがやったぞ！　ジムは勝ったんだ！」

ぶるぶるるるるっ！

どこかでへんな音がして、声がまた同じことを言った。

「ジムがやったぞ！　ジムは勝ったんだ！」

第五章　技をものにする

こうして昼に夜をついでの訓練が続けられた。

少年は、地面に横になっておなかにリスをのせ、いささかも自分の身体を動かすことなく、そのままの寝たきりの姿勢で、リスのあらゆる行動パターンを飲みこむまで、それをただひたすらじっと見ていることを学び、今ではそれができるようにもなっていた。

かくして驚くほど早いペースで、日ましに、実際夜眠りにつくたびに、少年の筋肉と、こころと、そして魂は、強く、またタフになっていった。

もちろん、スピリットはさらにさらに成長した。

三週間後、年老いた賢者は、少年の腕と脚に十分な筋肉がついたことを確認した。彼の脚と腕はあたかも真っ黒な黒曜石《こくようせき》のように硬くなっていた。

「お前も自分の弓と矢をつくるように」

少年は言われた。

「白人の作った鉄砲のことは忘れるしかない。あれはただの冷たい鉄の塊だ。インディアンのつくる弓には魂がある。弓は、お前の手のなかで生命を取り戻すのだ。だから、弓をつくるときには、愛と尊敬をもって細部までていねいにつくらなくてはならない。いささかも、手を抜くことは許されない。お前のなかにあるスピリットの力を弓にこめるのだ。そうして父親がどうしても折れないような弓をつくることができたら、それを持って山に入り、わたしのために鹿を一頭捕まえてきておくれ。でも、たったひとつ、これだけは忘れてはいけない。よいか、インディアンは、ぜったいに、必要なもの以外は、殺さないのだ」

しかし、そうは言われたものの、ジムはこれまで一度も弓などというものをつくったためしがない。

したがって最初にこしらえた弓は、彼が持っただけで手の中でばらばらになってしまった。

だが、二本目の弓はずいぶんとうまくできた。

ところが父親に頼んで試してもらうと、その弓もあっけなく音をたてて真ん中から折れてしまったのだ。やっぱり、ただうまくできているだけでは、屈強なインディアンの大男の手にかかったらひとたまりもない。

ジムは隠れてひそかに泣いた。

父親が目の前でいとも簡単にへし折ってしまったあの弓は、少年がたいへんな時間と念をいれてようやくこしらえたものだった。彼は別の弓をもう二度とつくりたいと思わないぐらいに、それはそれは一生懸命あの弓をつくったのだ。

すっかり意気消沈してしまった少年に、老婆は近くの山を指差してこう言った。

「あの山に行ってくるといい。あの山の高いところに洞窟がひとつある。きっとその洞窟のなかになら、何年もかかって自然に乾燥された硬い木の枝があるだろう。それをとってきて使うといい」

それからしばらく少年は、歯を食いしばってその硬い木と格闘した。

しかし、いくらやっても仕事は遅々として進まなかった。

こんなことではいつまでたっても弓なんかできるわけがないと、彼は考えた。

ところが、その硬い枝と格闘しはじめてちょうど二日目のことだったが、手先の細かさにおいては右に出るものがなかったという昔のインディアンのクラフツマンのスピリットが、いずこからともなくいきなり彼に降りてきたのである。

そのとたん、枝を払い、削り、木肌をなめらかにすると
いった作業が、うってかわっていとも簡単にできるように
なった。

あれよあれよというまに、彼の手のなかで、その弓は形
をととのえはじめ、次第に美しい木目を浮かびあがらせて
きた。

そして今、少年の目の前で出来あがりつつある弓は、少
年の偉大なる曾祖父が使った古い弓と寸分違わない形をし

ていた。

やがて完成した弓は、つぎに小川のわきに建つ家の梁《はり》に吊るされて、しっかりと焚火の煙でいぶされた。

誰が試しても、この弓を折ることができなかった。

父親も折ろうとしてしまいには根をあげたほどだった。

ほんとうにそれは強い弓なのだ。

ジムが指先で弦を弾《はじ》くと、えもいわれぬいい音をさせて

それはこたえた。

かくして弓が完成すると、さらに老賢者の指示にしたがって、少年は柳とマウンテン・マホガニーの枝、そして七面鳥の羽根で、いく本かの矢もつくった。

弓と矢が出来あがると、少年はそれらを持って裏の山に行き、誰にも見られないところで、その弓を射る練習をした。

だが、最初は一本も的にはあたらなかった。

幾本もの矢が壊れた。

しかしゆっくりと彼は腕をあげていった。

弓を握る左手首の、矢を射たはずみに弦のあたるところが、やがて破れて血を流した。そこに革の弦あてをつけることなど、少年はまだ知りようもなかったのである。

しかしそれでも、少年は一本で狙いをつけながら、同時にもう二本の矢を口にくわえるやり方も学んだ。そして気がつくと彼は、歌を歌いながらでも、一〇本位はつづけざまに矢を射ることができるようになっていた。

第六章　死を敬う

それから二日後の夜のことである。

少年の姿は山間の大きな谷のなかにあった。

彼は先ほどから一人でじっと焚火に見入っていた。

少年には焚火のなかで火の踊るのが見えた。

そうしていると、太古の狩人たちが影となってつぎつぎと現われ、彼を取り囲んではいろいろ役にたつことを教えてくれた。

少年は頭をさげて、一族に古くから伝わる鹿狩の時の祈りの歌を捧げた。それは鹿という動物にではなく、鹿という人に捧げられた祈りだった。

少年は歌のなかで生命を奪うことの許しを乞うた。

兄弟である鹿たちに、その力と勇気を与えてくれるよう、少年は歌にたくして祈った。

そうすることで、彼は祈りとひとつになり、心も落ち着きをとりもどした。そして気分もよくなっていった。

やがて、ゆっくりと谷間の夜が明けた。
そこでは、夜明けの淡い光のなかで、木も草も影すらも、彼のスピリットとひとつにとけあっていた。

渓流の水が歌いながら岩だらけの川を下っていく。
その歌に合わせて、少年の血も踊った。

まさにそのときだった！

草むらのはずれのコットンウッドの林のなかで、なにか黒い影のようなものが動いたのを、少年の目は見過ごさなかった。

全身の神経がピンと張りつめた。

少年は身をかがめて追跡に移った。

岩や鋭い草のせいで、見るみる彼の脛《すね》のあたりが傷だらけになっていく。

しかし、今、彼は自らの魂をことごとく、獲物を狩ることに捧げていた。

いつしか彼の陽に焼けた身体は、岩や葉っぱやたくさんの蔓《ツタ》のなかにすっかりとけこんで、誰の目にも見えなくなった。

そうして、人の気配が見事にかき消された。

次に彼が大きな岩影から立ち上がってその手がうち振られたとき、すでに持っていた弓には矢がつがえられていた。

少年は今しも弓をいっぱいに引き絞りつつあった。

肩のあたりにぶちのある若い雄の鹿に、彼はしっかりと狙いをつけていた!

突然、その若い鹿の白い尻尾が一閃《いっせん》して、鹿はかき消すように視界から消えた。

後にはひづめの音だけが残った。

空を切って放たれた矢が死者の歌をうたうのを少年は聞

いた。

そのとたん、今までにはなかったような力が、ジムの身体に一気にそそぎこまれた。

思わず彼の腹のなかから大きな叫び声がもれた。

弓を離れた矢は逃げかけたその鹿につき刺さった。

ジムは叫びながら突進していた。

次の瞬間、灌木《かんぼく》の繁みの影に、一匹の鹿が横たわっているのを少年は見た。鹿の口からは血が滴り落ちている。大きな黒い瞳には、痛みと恐怖があふれていた。

彼はもう一度その目をのぞきこんだ。

そうしてこの目のなかに、過去に人間によって傷つけられ、罠にかけられてきた無数の動物たちの痛みを見た。彼は自分がこれまでそうした痛みを一度たりとも理解しようとしなかったことに、突然気がついた。

昔の賢いインディアンたちが、その肉を食べたり、その皮で着る物をこさえたり、やむをえず正当防衛の場合をのぞいては、なぜ滅多に生き物を殺さなかったのかを、少年はたちどころに理解した。

苦しそうにあえぐその鹿に、少年は偉大なる沈黙の祈りと共に最後の一撃を加えて、永遠に苦しみから解放してやることにした。

少年はその際、二度と再び生きているものの生命を奪いたくないと心から祈った。

そのかわりに彼は、白人のせいで絶滅しかけている動物たちをこの地球に呼び戻して、守っていくことを誓った。

少年は一族の者が昔から秘密の誓いをするときにのみ用

いてきた特別なサインを、偉大なる精霊グレイトスピリットに捧げて、必ずそうすることを約束した。

第七章　痛みを知る

その晩遅く、部落に帰りついたジムが、獲物の鹿の肉と毛皮を目の前に拡げてみせると、その年老いた賢者が口を開いた。

「よかった。おまえもようやく一人前になってきた」

老婆は聖なるトウモロコシの花粉を少し焚火にくべた。

ひときわ炎が赤く染まった。

少年があまりに押し黙っているので、老婆は長いこと彼の瞳をのぞき込み、そしてすべてを理解した。

彼女は優しく少年にふれた。

「この者は他のものの痛みを知って帰ってきた」

きわめておごそかな物言いでそう言ったあと、老婆はじつに劇的に声を高めた。

「皆の者も、今宵のこの者をよく見ておけ。一人の賢いチーフのように、この少年は沈黙なるもののハートにちかづいたのだ。この者のスピリットは数年もしないうちに偉大なものとなろう」

温かな静けさがあたりをつつんでいた。

部落の者たちは理解したのだ。

いつしかその静寂のなかに太鼓の響きが滑り込んだ。

やがて一族の者が歌いはじめた。

その素晴らしい歌声の中には、大平原にまだ柵がひとつもなく、行けども行けども清潔で美しい草原がどこまでも続いていたころの、あの心の高鳴る日々のスピリットが確かにあった。

第八章　ヴィジョンを求める

少年の訓練は来る日も来る日も続けられた。

崖のよじ登り。
食べものや薬になる薬草探し。
世界の見方。
自然の読み方。
浄化の仕方。
魔法の言葉。
呼吸法。
身のこなし方。

ランニング。

ある日、とうとうジムは燃える眼を持つ老婆の前に進み出た。

「いちばん古い母親であるおばあさん、もう教えてくださってもいいでしょう。なぜ天におられるあのおかた、稲妻を司《つかさど》るあのおかたは、白人がわたしたちの土地を奪っていくのを許されたのですか？」

それを聞くと老婆は声を立てて笑った。

ほんとうに嬉しそうに、こころの底から彼女は笑った。友だち同士の間でなければ聞けないような、それは笑いだった。

彼女はかたわらの杖をつかむと、地面にうっすらと積もっている土埃のうえにそれで絵のようなものを描きはじめた。

杖の先が線を描いていく。

彼女はまず山のアウトラインを描いてから、その山の頂に、両手を空に向ってひろげているひとりの人物を描き足した。

そして言った。

「お前はこれまで山にも登ったし、狩りもした。お前はすでに求めたものを手に入れたのだ。お前の筋肉はマウンテン・ライオンのようになったし、眼は鷲にも負けないほどだ。だが、お前がほんとうの人間、一人前の戦士になろうとするなら、さらにまだどうしてもやらなくてはならないことが、あとひとつだけ残されている」

老婆はそこで一息つくと、はるか遠くに一枚の絵のように見えている、一族にとっての聖なる山を指でさしめして、さらに続けた。

「それはごらん、あそこに偉大なる山がそびえているだろう。お前はあの山の頂に登って、断食をし、この世界のいっさいを創られたスピリットからのヴィジョンが、自らにもたらされることを、こころから祈らなくてはならない」

そして言葉をついだ。

「しかし、お前がそれをする前に教えておこう。なにゆえにグレイトスピリットは白人にインディアンの土地を奪うことを許されたのか？　それではそこに腰をおろして聞くがよい。これからわたしの話して聞かせることは、お前が自分のヴィジョンを見つけるときの力となろう」

ジムは言われるままそこにおとなしく座った。

まるで母狼の押し殺したようなうなり声で、危険が迫っているとをついさっき教えられたばかりの子供の狼といった心境だった。

アイズ・オブ・ザ・ファイアーはふたたび杖をとると、その尖端で地面の埃のうえにいくつもの小さな円を描いた。そして最後に、その全部の円をひとつに取り囲むように、さらに大きな円をひとつ描きあげた。

それから、口を開いた。

「ここに描いた小さな丸たちは、世界中にたくさんある小さな国々、および小さな宗教をしめしている。

大きな円は巨大なひとつの大国のことをあらわす。

それはある大きな宗教でも構わない。

それがほかのすべての丸を囲んでいるわけだ。

大きい円とその中の小さなたくさんの円を、水鳥とその雛たちにたとえることもできる。母鳥が自分の血を引き継ぐ雛たちを両の翼を拡げてなかにかくまっているところだ。まあ自分の生んだ子供を愛するのはこうした母親の常だろう」

老婆はそこで言葉をいったん切り、さらに続けた。

「その昔、わたしたち一族の者はみんな、愛と知恵においてひとつに結ばれていた。

年老いた賢いチーフと、年老いた賢い女たちとが、子供らにいかに成長するかを教えたものだった。

良き人間となり、互いに愛しあうためにはどうするかを、子供らは彼らから学ぶことができた。

誰もこの大地を所有しようとはせず、土地は一族全員のものとされていて、子供らにとって男はみんな父親であり、女はみんな母親だった。少なくともみんなそう感じていたのだ。

したがって、愛されることもなく、独りぼっちにされたまま深く傷ついている子供など、ただの一人もいなかった。

それにいくら年をとっても、昔なら必ず誰かが面倒を見てくれた。独りぼっちの老人を放り出すようなことはまずもってなかった。

若くて、体力に秀でた狩人が、バッファローや、アンティロープ、鹿などを狩りに出かけたときも、老人や未亡人や身体の弱い者といった人たちにまず、獲物のいちばん良いところの肉が与えられた。

優しさと善意がそこかしこにあふれ、人々はしっかりとひとつに結ばれていて、人殺しや、それに泥棒といった、他人にえらく迷惑をかけたり、平気で人を傷つけるような悪人たちも、まず絶対にいなかった。

ところが現代にはなんとそういう者たちの多いことか」

そのとき、少年がはじめて口をはさんだ。

「インディアン同士の戦争はどうなんですか?」

「なるほど、戦争が時々あったことは否定しない。ほんとうのことだ。しかし、それだって白人の来る前には数えるほどしかなかった。

白人が偉大なる大洋を越えてやってきて、しだいに西へ向って動いていたことは、お前も知っていよう。

彼らは西へ西へと移動しながらインディアンをつぎつぎと追い立てた。

その結果、自分たち一族の者を守るために、部族同士が争うような羽目に陥ったのだ。

白人が来れば来るほど争いは増え、しまいにはそこらじゅうで戦いあうようになっていった。

そうして、そこへ白人によって持ち込まれたのが、ウイスキーだったのだ。このウイスキーのおかげで、多くのインディアンがおかしくされてしまった。

昔だったらけっしてみせないような馬鹿げた振る舞いを、ウイスキーに狂ったインディアンたちはするようになった」

ジムはその先のことが知りたくてうずうずしていた。彼は待ちきれない気持ちを押さえきれずに、とうとうこう聞いていた。

「ですからなぜ、偉大なるこの地球のスピリットは、われわれの土地を白人が奪っていくのを許したのですかとさっきから聞いているのです。どうか教えてください、いちばん古い母親でもあるおばあさん、お願いです」

アイズ・オブ・ザ・ファイアーは再び声を立てて笑ってみせた。

遠くの谷間で鳴る雷の音のようにも、その笑い声は聞こえた。

彼女は口を片手で隠して、身体をゆすって笑った。

「わたしがこれまで聞かせてきたようなこうした話で、必ずやお前も理解をするに違いない。

昔、大変に前のことだが、年老いた賢者たちが、なぜ白人がここへ送られてきたのか、わたしに教えてくれたことがある。彼らはこう言っていた。

生きとし生けるものの偉大なるハート、グレイトスピリットのおぼしめしで、彼らはここに送られたのだと。

白人は白人だけしかすんでいないところからここに来た。

彼らはここへ、この地へやってくる必要があったのだ。

彼らはここで、ほかの人種の者のことを学び、彼らと共にこの地で生きることを学ぶために、ここへ送られた」

老婆は続けた。

「だからある日、インディアンが昔のスピリットを取り戻したあかつきには、インディアンは白人たちに、互いに愛しあうとはほんとうにどういうことか、あらゆる人間を愛するとはどういうことかを、今度は教えることになるだろう。

白人の徹底した征服によって、今のインディアンはうちひしがれ、卑屈になり、貧しさにあえいでいる。

しかしだからこそわたしたちは、自分たちだけよければそれでいいというような、へんなプライドに染まらずに今日まで来れたとも言えるのだ。

インディアンはいつでも偉大なる覚醒の日のために準備ができている。そしてその日が来たときには、今度はインディアンが多くの者を目覚めさせるのだ」

「昔の年寄りたちはよく夢のなかでインディアンの行く末を見たものだった。

彼らは、わたしたちがやがて大変に悪い時を迎えることをあらかじめ知っていた。

インディアンの多くがスピリットを失うことも知っていた。

白人のいろいろな宗教によって、人々がとめどもなく分裂を繰り返していくことだってわかっていた。

やがてインディアンはみんな白人のようになって、ああした変わり者たちが成功と呼ぶものを求めはじめるだろう。しかし、インディアンはいつの日にか目覚めはじめると、年寄りたちはわたしに話してくれたのだ

「あのとき、おそらくあの人たちにはすでにわかっていたのかもしれない。白人たちがあまりに個人的な快楽を求めるあまりに、いつしか人生で大切なものを省みなくなることが。そのときはじめてインディアンたちだってはっきりと知ることになる。昔ながらのあしたスピリットのある

暮らしが、どんなにか素晴らしく、かけがえのないものであったのかを」

「ところが昔の賢者たちが夢で見たのは、これだけではなかった。インディアンが一人残らず白人よりも馬鹿になったようにみえる日が来ることを見た者もいた。

しかしそうなったときにはじめて、そう、インディアンがみんな昔の日々のことを忘れて、ほうけはじめたまさにそのときに、東の方より一本の偉大なる光が差し込んでくる。

その光は何人かのインディアンのハートにも届くはず

だ。火は大平原の野火のごとく勢い良く燃え上がるだろう。
彼らは人種と人種の間に愛をひろげるだけでなく、それぞれ異なった宗教の間にも愛をひろげて行く」

「その光を、お前は見つけなくてはならない。
わたしの息子の息子のそのまた息子よ、
わたしの愛する者よ、
お前があの山の頂でこころからヴィジョンを望み、
そしてそれが叶えられれば、
そのヴィジョンのなかで、

お前はそれがどこにあって、
いかに手に入れたらよいのかを、
きっと学ぶはずだ。
お前の探しているものは、
とてつもなく大きく、
しかも素晴らしいものだ。
世界中のすべての人が、その中に安息の場所を見つけられよう。
その日が来たときには、
ここにあるいくつもの丸い円は、

理解と調和の大きな丸のもとに集まるのだ」

老婆はそこでひとまず話を切った。

彼女と少年の二人の見つめる東の空に、なにかを象徴するかのように、見事な虹がひとつ大きくかかっている。

二人はしばらくそうやってその虹を眺めていた。

やがて老婆が、偉大なる曾祖母が、また口を開いた。

「虹は、すべてのもののなかにおられるあのおかたからの
メッセージだ。
すべての人間がひとつの家族のようにつながることを、
虹は教えている。
さあ、あの山の頂にお行き、わたしにつながる愛しい者
よ。
どうやったら虹の戦士になれるか、
行け、

行って学ぶがよい。
愛と喜びをみんなの間にひろげることだけが、
この世界の憎しみを理解と優しさに変えることができる。
この世からいっさいの戦争と破壊をなくすために、
残された道はもはやそれひとつしかない！」

虹の戦士

完

あるアメリカ・インディアンの祈り

おお父よ、わたしはあなたの声を風のなかに聞き、あなたの息はこの世界中のすべてのものに生命を与えています。お聞きください。わたしはあなたの前に、あなたのたくさんいる子供たちのひとりとして、今、立っています。わたしは小さくて弱く、あなたの力と知恵とを必要としています。どうかわたしを、美のなかに歩ませ、なにとぞこの眼に、赤と紫の夕陽をお見せください。この両手が、あなたの創られたものを、尊敬させるようにしてください。この耳を、あなたの声が聞こえるように、鋭くしてください。そうすればきっと、あなたがわたしの一族に与えられた教えを、一枚一枚の木の葉や、ひとつひとつの岩のなかにあなたが隠された教訓を、このわたしも、理解するかもしれません。父よ、わたしは力を求めています。偉大なる敵と戦うための力ではなく、その力で、汚れのない手と、濁《にご》りのない眼をもって、わたし自身があなたのもとを訪れる準備をさせてください。もしそれがかなうのなら、日没の太陽が姿を消すように、わたしの生命が終わりを迎えたとき、いささかも恥じいることなく、わたしのスピリットはあなたのもとを訪れることができるでしょう。

＊この文章はアクエサスネ・モホーク・ネーション のセント・レジス・リザベーションのなかに立つ「トム・ホワイトクラウド」という名前のひとりのネイティブの墓に刻まれている祈りの言葉です

願わくば
偉大なる精霊が　明日も
あなたのこころに
日の出を　もたらさんことを。

ビー・ア・グッド・インディアン
——一九九九年版あとがき

北山耕平

「アメリカ・インディアンであるとは
血の問題ではなく、生き方の問題である」
——ローリング・サンダー（一九一五—一九九七）

世界各地で生き抜いている先住民たちのことを、地球環境にたいする意識の高まりと、わたしたちが「文明」と思っているものにたいする根本的な疑問の投げかけを受けて、一九七〇年代ごろから「地球の守護者（キーパー・オブ・ジ・アース）」と呼ぶようになっている。この背景にあるものが、一九六〇年代にはじまるアメリカ・インディアンの精神復興運動の高まりと、直接間接にそれに影響を受けたさまざまな社会的政治的な動きであることは間違いない。まえがきでも触れたとおり、地球が大きな変化の時、ホピ族が「浄化の時」と呼ぶ時代に入ってからすでに三〇年が経とうとしているが、その間に興隆した自己と社会と地球の癒しを求める人間性回復運動、価値転換運動、愛と平和の革命、地球意識開発運動、環境保護運動、地域内自給自足運動、持続可能社会の創造運動、ニューエイジ運動など、今のわたしたちの関心事に連なる大きな潮流の底には、常にアメリカ・インディアン的な物の見方や考え方が存在し続けている。白人化教育を受けないで育った最後の世代に属するスー族の偉大なメディスンマンであるレイム・ディアーは、一九七二年にアメリカで出版されたその遺言とでもいえる本のなかで、人類が絶滅の危機にひんしているという現状認識を踏まえたうえで、新しい地球のよみがえりについて「汚染*も、戦争もない、まっさらの新しい地球を、よび戻さなくてはならない時がきているのだ。そうなったら、まさしくインディアンたちの出番ではないか」と言っている。そうなのだ、時は、まさしくインディアンたちの出番なのだ。

本書のもととなっているものは、一九六二年に一〇〇ページに満たない小冊子として出版されたW・ウィロヤとV・ブラウンの共編著『虹の戦士――インディアンの人々に伝わる奇妙で予言的な夢』("WARRIORS OF THE RAINBOW" Strange and Prophetic Dreams of the Indian Peoples, William Willoya and Vinson Brown, Naturegraph Company, 1962) のなかに収められている「スピリットの帰魂」("THE RETURN OF THE SPIRIT") という著者不明の逸話である。しかしこの物語に登場する「燃える瞳(アイズ・オブ・ザ・ファイアー)」という女性が、かつてクリー族にいたことが確認されているために。この物語をクリー族のものとする説もあるようだ。

＊河出文庫『インディアン魂』(下巻) レイム・ディアー他著 北山耕平訳 第一四章「世界を巻きあげる」の章より

クリー族の言い伝えでは「ある日、白人の強欲が理由で、河の魚が死に、空からは鳥たちが落ち、水が黒ずみ、木は姿を消し、人類が生存の危機を迎えたとき、個人や社会や地球が健康を回復するために必要な神話や、物語や、伝統文化や、古代からの儀式や、太古から伝わる風俗習慣を守り続けたものたちが必要とされるときがくる。人類の生存の鍵を握るものたちがその人たちで、彼らこそが虹の戦士である」となっている。

本書が取り上げた物語は、後に全文または一部が取り出されて、そこだけがべつの印刷物とされたりし、興隆しつつあったさまざまな運動のなかで重要な文書として扱われた。いうならば、あなたがお読みになったこの物語こそが、アメリカ・インディアンの権利回復と精神復興運動の引き金を引いた物語であり、それと同時に、地球環境にたいする意識を高め環境保護運動に火をつけた物語でもあるのだ。

みんなもご存じのグリーンピースというラディカルな環境保護団体は、この物語の影響下で発足している。彼らが所有し、海洋核実験のときや、捕鯨船の行く手を遮るように前面に踊り出るちいさな船はその名を「虹の戦士号」という。ロバート・ハンターというグリーンピースの創設メンバーのひとりが書いた『虹の戦士たち　グリーンピース反核航海記』(渕脇耕一訳　社会思想社　現代教養文庫)の解説には、「グリーンピースは、鳥が落ち、鹿が倒れ、海が黒く染まるとき、人々を連帯させ、母なる地球を救うために登場するという北米インディアンの神話に登場する虹の戦士たちの末裔として誕生した」と書いてある。しかし、もちろんのことだが、この物語は、たんに環境保護という目的のためにのみ語られ続けたわけではない。

環境問題が実は人間の心の問題であることを理解して、人間とはなにか、地球とはなにか、生命とはなにか、生きるとはどういうことか、そうしたことを行動哲学の根底にすえる現代の——良い意味でのニューエイジ的な——「自己と社会と地球の癒しを求める」運動のほとんどが、どこかでアメリカ・インディアンの影響を受けていることを考えれば、直接的ではないにせよ、21世紀へとつながる重要な運動のすべてはこの物語から始まっているといってもいいかもしれないのである。これは、言うならば浄化の時の到来を宣言した書であり、後に世界を変えることになる物語なのだ。

しかしこの「虹の戦士」という物語は、本書に収録されたものが唯一絶対の原典などではないことをおことわりしておく。この物語は、多くの部族に親の世代からその子供たちへと口承で伝えられたものであり、さまざまなヴァージョンがある。しかしその教えの中心にあるものは、ほとんどかわらない。その例として、良い機会でもあることだし、ここに別の短いヴァージョンのものをお聞かせしよう。これもまたアメリカ・インディアンがキャンプファイアー・ストーリーとして、つまり野営地の焚火の脇で子供たちに語って聞かせる物語として残されたもので、それはこういう語られ方をする。

＊

虹がなにか知っているかな？　さよう、大空にかかる美しい色をした弓のことだな。戦士とは、勇気あるものたちのことだ。恐れるかわりに、勇気を持つものたちのことだ。われわれの一族にはこんな話が伝わっている。焚火の火でも見つめながら、聞いてもらいたい。

いつとはわからないが、これはこれから起こることの話だから、注意して聞くがいい。いずれ、将来、動物たちが姿を消しはじめるだろう。人びとはオオカミの姿も目にすることがなくなる。熊も、鷲も、見なくなるだろう。姿を消しはじめるのは、動物ばかりではないぞ。大きな木たちもまた消えてゆく。人びとは互いに争うことばかりで、愛し合うこともなくなるだろう。空にかかっていた美しい虹も色あせ、人びとはもう虹を目にすることもなくなるだろう。

そして、そうなったとき、そこに一群の子供たちがあらわれる。この子供たちは動物たちを愛する。消えた動物たちを呼び戻すことになるだろう。この子供たちは木を愛し、もう一度大きな木を呼び戻すことになるだろう。この子供たちは人間として互いに愛し合い、もう一度人びとがみんなで互いに平和に暮らせるようになることに力を貸すことになるだろう。この子供たちは、空にかかる虹を愛する。もう一度大きな虹を大空に呼び戻してくれることだろう。だからこそわれわれインディアンたちは、この子供たちのことを「虹の戦士」と呼ぶのだ。

そこで、ひとつみんなに質問をしたい。君たちは、動物が好きかな？　それとも嫌いかな？（ぼくたちは動物たちが好きです）では木はどうかな？　木は好きかな、嫌いかな？（ぼくたちは木が好きです）人間はどうだ？　人間は好きかな、嫌いかな？（ぼくたちは人間が好きです）では君たちは虹は好きかな、それとも嫌いかな？（ぼくたちは虹が好きです）そうかそうか。動物が好きで、木が好きで、人が好きで、虹が好きか。それならば、君たちが、虹の戦士なのだ。虹の戦士として、勇敢に生きなくてはならない。

*

アメリカ・インディアンにたいする関心の高まりと、自己再発見をとおしての社会環境や地球環境への意識の高まりは、それがファッションや単なる病気治しにとどまらない限り、必ず一緒に訪れることになっている。今では「癒し（ヒーリング）」という言葉が、時代のキーワードのようになっているが、もともと「癒し」とは「病気治し」や「利己的なリラクゼーション」にとどまるものではなく、つねに「自己と、社会（共同体）と、地球」の三者がひとつになっていることを理解し確信した上でもたらされるものなのである。自分を癒すことが直接的に社会や地球そのものを癒すことにつながっていることを知らなくてはならない。この繋がり、環を、どこかで断ち切ってしまったら、それは癒しなどではないのである。つまり、これは逆も言えることであり、地球や社会が汚れて病気になっているとしたら、それはあなたや私が汚れて病気になっていることでもあるのだ。

エコロジー運動にはさまざまなルーツがあるが、そのひとつの根にあたるものに、前述したグリーンピースという非営利の組織の活動に見られるような、アメリカ・インディアンと呼ばれる人々の、地球を生きている存在として、すべての生命の母親として見、すべての生命あるものを兄弟姉妹と見る神秘主義的な認識の仕方があった。これは、文字で書いた物を頭で理解するのとは異なって、実際に地球がそのように——母親として、意識を持った生命体として——見えている、花や草や鳥や動物たちが仲間に見えているということを、どうかハートで理解していただきたい。理解するというよりは、直感で認識していただきたい。この点では、地球を非生命体として見る近代科学的世界観とは、もともと視点が一八〇度も違うのだから。

当然のことだが、環境運動が高まりを見せるところでは、数千年から数万年のあいだ地球の環境に大きな変化を与えることのない生活を送る技術と知恵をもっていた「地球の守護者」としてのアメリカ大陸の先住民にたいする関心も高い。そのいい例がドイツであるだろう。ヨーロッパのなかで、ドイツほどアメリカ・インディアンの本の出版点数の多い国はないといわれる。

ひるがえって日本はどうだろう？　なるほど日本でも、この一〇年ほどで、アメリカ・インディアンについての本が飛躍的に増えた。わたしがアメリカ・インディアンに関心を持ったころには、日本語で読めるアメリカのネイティブの本はまだ数えるほどしかなかった。大半が、社会学的および歴史学的な見地からアメリカ・インディアンの凄惨で悲劇的な歴史を扱うものであり、多くが「消えゆく種族」としての彼らの姿を描いたものばかりであった。読み進むうちに気がめいるような歴史書の多いなかで、その豊かな精神性を扱った例外的な書物としてはJ・G・ナイハルト著、弥永健一訳の『ブラック・エルクは語る』(社会思想社　現代教養文庫)だけがあるのみだった。

この本は、スー族というひとつの部族の精神世界のことのみならず、アメリカ・インディアン全体の精神性を知る上でも避けて通ることのできない古典として今もなお輝き続けている。

アメリカ・インディアンについては、伝統的に戦後民主主義の日本ではこれを学問の対象として見ることがおこなわれていて、アメリカの開拓の歴史のなかにおける彼らの役割などについての歴史家による本などはよく見かける。また古い世代の人たちによるステレオタイプのインディアン像を解説するものなどもある。わたしはこうした本を読むことが今を生きているアメリカ・インディアンの理解を助けるかどうかを疑問に思うものである。アメリカの先住民である彼らを、ことさらに特別な消えていく哀れな存在として扱うやり方には、納得できない点が多々あるからだし、もともと数多くの言語体系に分かれていた異なる伝統文化の人たちをひとつのタイプに分類して、その精神性や特異性を語るなど本来出来ようはずもないことだからである。この意味で言うなら、ヤキ一族のメディスンマンをとおしてこれまでのものとはまったく異なるインディアン像を提示してみせたカルロス・カスタネダの著す『呪術師と私——ドン・ファンの教え』（英語版一九六八年 日本語版一九七四年）にはじまる一連のドン・ファン・シリーズ（真崎義博訳 二見書房刊）*ほど、重要なものはないかもしれない。このシリーズは、アメリカ・インディアンについてわたしたちがそれまで知っていたことのほとんどが間違っていたことを広く世界にしめしたばかりか、人間の世界の見方を変えることによって世界を変える、太古から伝わる方法を現代的にアレンジしなおして提示した最初の本ともなった。それがフィクションであるかないかはさておくとしても、六〇年代以降最も重要な本であり、世界を決定的に変えた本であることは間違いない。わたしがアメリカに渡り、デザート——荒れ地——と呼ばれる水

*二〇一一年より初期四部作の新装・新訳版が太田出版から刊行されている

の気配のない不思議な空間に心ひかれるようになった原因も、もとはといえばこの本のなかにあるのだ。

アメリカ・インディアン的な世界の見方をわたしは過去二十年間にわたって学び続けた。彼らの目にわれわれはどう写っているのだろうか？　わたしは縁あってローリング・サンダーと名乗ったひとりのメディスンマンと出会い、その家族の、一族のなかに入ることができた。ローリング・サンダーは、メディスンマンとしてある意味で部族を超えたところに存在していた。彼自身チェロキー族の出身でありながら西ショショーニ国の外れに居を構えていたし、彼がよってたつメディスンそのものも、ある特定の部族に伝統的なものというより、彼がさまざまな部族の知者や賢者から直接に受け継いだものに近かった。彼はひとりのインディアンとして部族を超えた存在だった。彼はわたしをあたりまえのように「遠くの部族から教えを求めてやってきたひとりのインディアンの青年」として見た。白人の友人の多くが、「アメリカ・インディアンのところへ行く」というと、どこか恐ろしいところへでも行くかのようにわたしのことを見つめたものだったが、わたしにとってはそこはアメリカにおいて初めて見つけた心の和む場所だった。思い返せば、それは実に居心地の良い場所でもあったのだ。

アメリカ・インディアンのなかに長くいればいるほど、わたしのなかの「日本人」的なものが融解をはじめるのが感じられた。同じモンゴロイドであるとか、赤ん坊のお尻には青い痣があることとか、そういうこともおそらくは重要な要因なのだろうが、自分が「日本人」であるまえにインディアンであることに否応なく気づかされたと言っていい。わたしはそれまで自分のなかにあるインディアン的な部分を見つめたことなど、自慢ではないが、ただの一度もなかったのだ。日本人である自分に疑問を抱いたことなどなかった。日本の歴史は世界でも古い方だと信じて疑わなかった。しかし、アメリカの先住民たちの豊かな精神世界に触れたとき、彼らの歴史は実際数万年前まで遡ることができるのだが、日本の歴史が実は日本という国家の文字にして記された歴史であり、そこに暮らす人びとが長いこと語り継いできた人びとの歴史でないことに、否応なしに気づかされた。われわれはたかだか二千年ぐらいの歴史しか持っていなかったのである。つまり日本人にはそれくらいの長さの歴史しかないということなのだ。日本人とされている人たちが日本人になる前の歴史は、すべてがベールの向こうに隠されてしまっている。

ある時ナバホ族の青年に「日本人は、白人と一番ビジネスのうまいインディアンだな」と言われたことがあり、わたしは彼と顔を見合わせて大笑いしたことを覚えている。ローリング・サンダーは「よくおまえたちは自分の母親を切ったり売ったりできるものだな」と日本人が世界で一番高い値段を大地につけていることを悲しんでもいた。すくなくともアメリカ・インディアン的な世界認識の仕方からいうと、日本人というのは、西へ西へと突き進んできた白人が最後に発見したインディアンとなるのである。

白人経由のアメリカ・インディアンについての情報が少しずつ伝わるようになって、最近ではアメリカ・インディアンのように着飾ったり、アメリカ・インディアンのような装飾品を身に着けたりする若者たちが日本にも増えた。たくさんの人たちが首にインディアンの羽根をモチーフにしたペンダントを下げたりしている。アメリカ・インディアンと自称する白人たちによるインディアンの儀式に高価な金銭を支払って参加することがスピリチュアルな体験としてありがたがられたりもしている。わたしのところには「どこに行けばインディアンに会えるのか？」と尋ねてくる手紙やEメールがたくさんくる。これは七〇年代以降の世界的な潮流であり、「エコ戦士」などのような、ステレオタイプのインディアン像に取りつかれてインディアンになりたがる人たちのことを、アメリカ・インディアンたちは最近では「ウォナビー」と呼んでいる。「なりたがり屋」の意味である。

インディアン・ジュエリーとかインディアン・レザー・クラフトなどは、世界的に有色人種の白人化が進んだ七〇年代ごろから少しずつ日本人の心をとらえていたことは間違いない。そうしたものを身にまとって、建国当時は中国人のようになりたがったように、第二次大戦後は白人のようになりたがったように、いままた一生懸命インディアンのようになろうとしている日本に暮らす人たちを見ると、わたしはこう考える。ううむ、なにか違うぞ。われわれにとっては、インディアンになることが大事なのではなく、自分がもともとインディアンであることに気がつくことこそが大事なのになあと。

自分が日本列島に生を受けたインディアンの末裔であるとする自覚に立ったとき初めて、日本とはなにか？　日本人ってなにか？　日本人はなぜ母なる大地を平気で切り売りすることができるのか？　こうした根本的な疑問に立ち向かう準備ができるのである。日本人になることによって失われてしまう大地との絆を回復する方法も、おそらくその時初めて手に入れることができるかもしれないし、長く失われて久しい地球に生きる人間としてのスピリットもまた、そこにこそ帰還することができるかもしれないのである。

日本列島の自然は、二千五百年という短期間の間に、もはや自然などと呼べるようなものではなくなりつつある。もし日本人のなかにインディアン的な部分があるとするなら、これほど母親を痛めつけているインディアンは地球に類を見ない。われわれはインディアンの風上にも置けない存在である。一体いつごろからこうした生き方を、わたしたちは選んでしまったのか？　ほとんどの人たちが自分たちの本来の生き方を忘れて、今では白人的な価値を求めはじめている。日本列島にこそ、いま虹の戦士が現れることが必要なのである。そのためにはわれわれは、日本人である前の自分のことを、もう一度、はじめから謙虚に学びなおさなくてはならない。

日本列島でいわゆる「アメリカ・インディアン的な生き方」が主流だった時代は、

俗に「縄文時代」などといわれている時代である。狩猟採集であれ、農耕であれ、その間、日本列島のインディアンたちは「地球の守護者」としての生き方をとりあえずは守り続けた。この時代は、軽く五千年から数万年は続いたとされる。弥生時代になってから現代までのたった二千五百年ほどの間に、日本列島のインディアンたちは異なった生き方を選択して「日本人」になっていった。日本人になるのと引き換えに、一切の神話や伝承や古代から伝わる儀式などは失われたと見ていい。

われわれは、縄文時代の記憶を喪失した。消されたのかもしれない。巨木の森に覆われていた弓の形をした列島から、まず木々が姿を消していった。動物たちも姿を消していった。そして矮小化された自然を自然とする生き方が醸し出されていく。虹はまだ見えるだろうか？　中国大陸と朝鮮半島と北部九州にまたがる海洋国家を構成していた「倭人」たちが、混血と陰湿な差別を巧みに利用することで「日本人」をつくりだし、自らその上に乗っかっていったと想像される。日本は、アメリカと同じように、あらかじめ国家として建国されたようだ。日本人はどこからかやってきたのではなく、日本列島においてつくりだされた。神話は捏造され、わたしたちは、別の生き方を選択し、母なる日本列島、母なる地球という概念を喪失した。わたしたちはインディアンであることをやめ、インディアンであった自分を卑しめおとしめ、日本人であることをトレーニングされることで日本人になっていったのかもしれないのである。

かつて公民権運動華やかなりし頃のアメリカでは、黒人たちが、しばしば「白人のように考える黒人」のことを「外側が黒くてなかが真っ白」として「オレオ（クッキーの商品名）」と呼んだように、インディアンたちは「白人のように考えるインディアン」のことを「外側が赤くてなかが真っ白」として「アップル」と呼んでいた。南太平洋では「外側が茶色でなかが真っ白」として、その手の人間のことは「ココナッツ」と呼ばれた。日本人はさしずめ「外側が黄色でなかが真っ白」な「バナナ」かもしれない。しかし最近ではこうした言い方を耳にすることはあまりなくなりつつある。地球上に点在して、いまだに先史時代からの英知を守り続けてきた先住民たちが、互いにコミュニケーションをとりながら情報を交換する時代が到来しつつあるからだ。ローリング・サンダーが「重要なのは血ではなくて生き方だ」と喝破したように「人びとはそういう生き方をするように、それのみがただひとつのリアリティだと信じ込むように、徹底的に訓練されている」のである。一九六〇年代にはじまった人間性回復運動がもたらした最大の恩恵は、われわれはもし望むなら生き方そのものを変えることができるという確信だったと思われる。自分たちが持ち続けた世界観の限界を超えた物の見方の力を借り受けることによって、われわれは自分たちの生き方をもっと意味あるものへと押し上げることも不可能ではない。

もう一度、日本列島と呼ばれる弓の形をして連なる島々の上に、大きな虹を見たいものではないか。アメリカ・インディアンの生き方を学ぶことで、わたしたちなら、ひとりの地球に生きる人間であるとはいかなることかを学びなおすことができる。与えられた人生に恐れをもたずに立ち向かうこともできるだろう。弓の形をした島で生きる良きインディアンであれ。

最後に日本列島において、もう一度インディアンに戻るためにとりあえず今という時点で、参考になる書物を以下に何冊か選んでおいた。もちろんこれがすべてではなく、時代[*]とともに新しい本などもくわえられていくことだろう。

【その精神的世界】

▼レイム・ディアー他著　北山耕平訳　『インディアン魂』（上・下）
河出書房新社刊　河出文庫

▼ダグ・ボイド著　北山耕平訳　『ローリング・サンダー　メディスン・パワーの探求』

*二〇一七年定本版時の情報を追加しています。

平河出版社　マインドブックス

▼H・ストーム著　阿部珠理訳　『セブン・アローズ』（全三巻）　地湧社

▼ポーラ・R・ハーツ著　西本あづさ訳

『アメリカ先住民の宗教』　青土社

【その物語的世界】

▼ジェイム・デ・アングロ著　山尾三省訳

『コヨーテ老人とともに――アメリカ・インディアンの旅物語――』

福音館書店　世界傑作童話シリーズ

▼ナヴァル・スコット・ママディ　滝川秀子訳

『レイニ・マウンテンへの道』　晶文社

▼シャーマン・アレクシー著 金原瑞人訳
『リザベーション・ブルース』東京創元社
▼シャーマン・アレクシー著 さくまゆみこ訳
『はみだしインディアンのホントにホントの物語』小学館
▼レスリー・M・シルコウ著 荒このみ訳
『儀式』講談社文芸文庫
▼リチャード・アードス、アルフォンソ・オルティス著 松浦俊輔他訳
『アメリカ先住民の神話伝説』(上・下)青土社
▼ジョーゼフ・キャンベル、ビル・モイヤーズ著 飛田茂雄訳
『神話の力』ハヤカワ文庫

【その現在】

▼鎌田遵著『ネイティブ・アメリカン　先住民社会の現在』岩波新書
▼ピーター・マシーセン著 澤西康史訳『インディアン・カントリー
——土地と文化についての主張——』（上・下）中央アート出版社

【アメリカ・インディアンを理解するために】
▼ダイアナ・スティア著 鈴木清史・渋谷瑞恵訳
『アメリカ先住民女性大地に生きる女たち』　明石書店
▼北山耕平著『ネイティブ・マインド　アメリカ・インディアンの目で世界を見る』
地湧社
▼阿部珠理著　『アメリカ先住民の精神世界』
日本放送出版協会刊 ＮＨＫブックス

▼ヒラリー・スチュアート著 木村英明・木村アヤ子訳
『海と川のインディアン　自然とわざとくらし』 雄山閣出版刊

【その歴史的世界】

▼ディー・ブラウン著 鈴木主税訳『わが魂を聖地に埋めよ
アメリカ・インディアン闘争史』（上・下）　草思社文庫
▼W・T・ヘーガン著 西村依男・野田研一・島川雅史共訳
『アメリカ・インディアン史』
北海道大学図書刊行会　北大選書
▼堀越由美子監修『夜明けへの道　はじまりの500年に寄せて
アメリカ先住民族は語る』

『人間家族』特別号スタジオ・リーフ

▼ホピ・ランド・アンド・ライフ編 北山耕平訳

『生命の始まりから浄化の日まで』　非売品

▼チャールズ・C・マン著 布施由紀子訳

『1491 先コロンブス期アメリカ大陸をめぐる新発見』年NHK出版

以上は特に〝アメリカ・インディアン〟をテーマとした書物だが、何度も私が引用してきたローリング・サンダーの言葉、「アメリカ・インディアンであるとは、血ではなく生き方の問題である」にならい、ここからはネイティブ・ピープルの世界観や知恵を、現在の私たち自身の生き方として捉え直すための書物を挙げる。かつて五〇年代のアメリカに現れたアレン・ギンズバーグやゲイリー・スナイダーなど白人のビートニク達は、〝白いインディアン〟と呼ばれたのだ。

【日本と少数民族の問題】

▼札幌学院大学人文学部編 『北海道と少数民族』
公開講座・北海道文化論 札幌学院大学生活協同組合

▼萱野茂著 『萱野茂のアイヌ語辞典』 三省堂

▼澤田洋太郎著 『沖縄とアイヌ日本の民族問題』 新泉社

▼高本 著 『部落の源流』 三一書房

【これからの世界を生きる】

▼木村紀子著 『原始日本語のおもかげ』 平凡社新書

▼ハイロ・レストレポリベラ著 福岡正行、小寺義郎監修 近藤恵美訳
『月と農業　中南米農民の有機農法と暮らしの技術』 農山漁村文化協会
▼原発老朽化問題研究会・編
『まるで原発などないかのように　地震列島、原発の真実』 現代書館
▼ジャック・ケルアック著 中井義幸訳
『ザ・ダルマ・バムズ』 講談社文芸文庫
▼フィル・クセルク著 石川直樹訳
『星の航海術をもとめて　ホクレア号の33日』 青土社
▼田口洋美
『越後三面山人記 マタギの自然観に習う』 ヤマケイ文庫
▼アーシュラ・K・ル＝グウィン著 篠目清美訳
『世界の果てでダンス』 白水社

最後になったが、本書は一九九一年の夏に河出書房新社より刊行されたものの改訂新装版である。一冊の本が世の中にでるにはたくさんの人たちのエネルギーが結集されなくてはならない。河出書房版を作る際にお世話になった元河出書房新社の小池信雄氏、作家の宮内勝典氏、デザイナーの松沢義明氏にはあらためてお礼を言いたい。また本書を貫いている精神を高く評価し、二一世紀のための書物としてこのような形で復活させることに力を尽くされた太田出版編集部の、赤田祐一氏、村上清氏にも重ねてお礼を言いたい。同じようにコンコルド・グラフィックスの相馬章宏氏という新進気鋭のグラフィック・デザイナーの全面的な協力なしには、このような美しい形での「虹の戦士」の復活もありえなかったことを、書きとめておく。

偉大なる精霊が常にわれわれとともにありますように。

MAY THE GREAT SPIRIT BE WITH US ALL.

二〇一七年定本版あとがきより

北山耕平

この十八年間、全国各地でこの本を長く扱い続けてくれた書店の方々、個人で買い取ってカフェなどで地道に売り続けてくれた方々を忘れるわけにはいかない。この本があなたたちに出会えたことは幸運です。

そして「虹の戦士」の物語を長いこと各地のライヴイベントで語りつづけてくださっている、坂口火菜子さん。あなたのおかげでこの物語は文字の鎖から解き放たれ、本来の姿を保つことができています。これからもよろしく。

願わくば太陽が
あなた方に日々新たな力を
もたらしますように。

願わくば月が
夜ごとあなた方を元どおりに
回復させますように。

願わくば雨が
あなた方の悲しみを
洗い流しますように。

そして優しい風が
あなた方に新たな力を与え
あなた方の日々の生活を豊かにし

願わくばあなた方が
世界を優しく歩いて渡り
世界の美しさとあなた方の美しさを
理解しますように。

二〇一七年　偉大なる目覚めの春に

二〇二三年ポケット版へのあとがき

北山耕平

本書は一九九一年の河出書房版、一九九九年の太田出版旧版、二〇一七年の同・定本版を経て、今度のリトルブック、ミニマルな形で四度目の刊行になります。最初に世に出てから三〇年以上の月日が流れました。ありがたいことに本書を求める声は年を追うように高まり、よりシンプルで無駄の少ないものを世に問う誰の手にも渡せる版を残そうということになり、今回、古くからの友人でデザイナーの白谷敏夫氏の手をお借りして、ポケット版『虹の戦士』をあなたに渡せることになりました。

この優しい本が、そして、この物語が、いつまでもあなたの力になりますように。

北山耕平（きたやま・こうへい）

1949年神奈川県生。大学在学中に植草甚一氏責任編集の雑誌『Wonderland』（晶文社）に参加。その後誌名を『宝島』と変えた同誌の四代目編集長をつとめ、「別冊宝島」シリーズをスタートさせる。'76年に退社し平凡出版（現・マガジンハウス）で雑誌『POPEYE』の創刊に参加。同誌の特派員という形で、渡米。ニューエイジ・ムーヴメントの勃興に立ち会う。アメリカからさまざまな雑誌に寄稿。'77年にアメリカ・インディアンの世界に遭遇し、アメリカ先住民族の精神復興運動に参加し、その後、環太平洋の先住民族とその精神世界の旅を続ける。'80年に帰国し、徳間書店の雑誌『ゴッド・マガジン』や、小学館の雑誌『写楽』『BE-PAL」などの創刊に参加、のちに「日本国憲法』（小学館）の編集に参加。フライ・コミュニケーションズを長野真とともに創立。翻訳家、編集者、作家。著書に『自然のレッスン』『地球のレッスン』『ネイティブ・アメリカンとネイティブ・ジャパニーズ』（太田出版）『ネイティブ・マインド』『ネイティブ・タイム』（地湧社）『雲のごとくリアルに』（ブルース・インターアクションズ）『パワー・オブ・ストーン』（荒地出版社）、訳・共訳書に『時の輪』『ジャンピング・マウス』（太田出版）『ローリング・サンダー』（平河出版社）『インディアン魂」『すべてのひとに石がひつよう』（河出書房新社）『日々是布哇』（Tao Lab Books）『古井戸に落ちたロバ』（じゃこめてぃ出版）などがある。日本列島および地球上の少数民族の歴史を学び、ネイティブ・ピープルに伝えられたストーリーテリング（次世代にほんとうに大切なものを伝えていく頭と心の技術）を探求するのがライフワーク。現在、新作『太陽のレッスン』（太田出版）執筆中。

虹の戦士
Warriors of the Rainbow
ウォリアーズ・オブ・ザ・レインボー

2023年11月26日　第1版第1刷発行

翻案　北山耕平

発行人　森山裕之
発行所　株式会社太田出版
〒160-8571 東京都新宿区愛住町22　第3山田ビル4F
電話03(3359)6262
振替00120-6-162166
ホームページ http://www.ohtabooks.com
印刷・製本　株式会社シナノ

本文イラストレーション P61,89,15,153
相馬章宏(コンコルド・グラフィックス)

ブックデザイン　白谷敏夫
編集　村上清

ISBN978-4-7783-1870-3　C0095

本書は弊社刊「虹の戦士」(1999年)、「定本　虹の戦士」(2017年)を再編集のうえ、
ポケット版として新装したものです。

太田出版　北山耕平の本

自然のレッスン　北山耕平

自然に生きることは、どこからでもはじめられる。
街から始めるオーガニック・ライフのための、シンプルな技術と魂の処方箋。
各種雑誌、ウェブ、TVでも話題のロングセラー。

地球のレッスン　北山耕平

ロングセラー『自然のレッスン』の姉妹編。
やるべき事をやり終えるまで、あなたの旅は続く。
“この星”に帰るための、魂の地図。

時の輪　カルロス・カスタネダ（著）北山耕平（訳）

カスタネダが自らの手で一冊に凝縮した、呪術師ドン・ファンの教えの心髄。
「ドン・ファンの教え」から「沈黙の力」まで、
“もうひとつの知の体系”の核心がここに。